LOS INCREIBLES JUEGOS OLÍMPICOS DE VERANO

REMO

POR MARI BOLIE

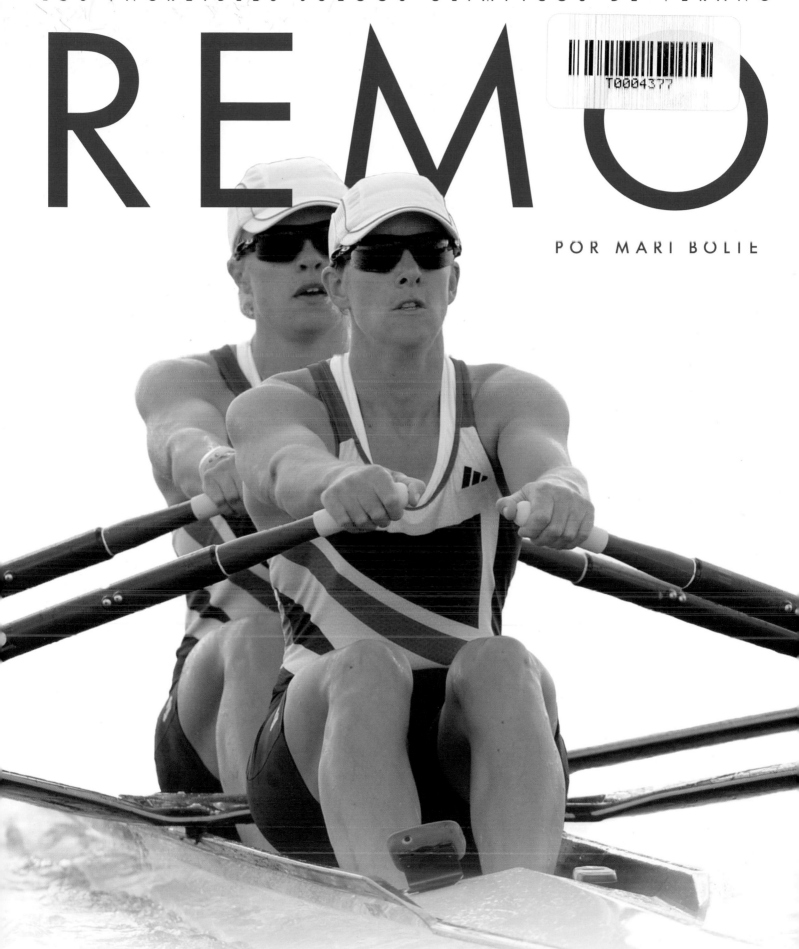

CREATIVE EDUCATION · CREATIVE PAPERBACKS

Publicado por Creative Education
y Creative Paperbacks
P.O. Box 227, Mankato, Minnesota 56002
Creative Education y Creative Paperbacks
son marcas editoriales de The Creative Company
www.thecreativecompany.us

Diseño de The Design Lab
Producción de Alison Derry
Dirección de arte de Tom Morgan
Editado de Alissa Thielges
Traducción de TRAVOD, www.travod.com

Fotografías de Getty/Buda Mendes, Christopher Lee, Damien Meyer, Ezra
Shaw, Hulton Deutsch, LOCOG / Handout, Luis Acosta, Maja Hitij, Naomi
Baker, picture alliance), Shutterstock (art3, gdvcom, lazyllama)

Library of Congress Cataloging-in-Publication Data
Names: Bolte, Mari, author.
Title: Remo / by Mari Bolte.
Description: [Mankato, Minnesota] : [Creative Education and Creative
    Paperbacks], [2024] | Series: Los increíbles Juegos Olímpicos de
    verano | Includes index. | Audience: Ages 6–9 years | Audience:
    Grades 2–3 | Summary: "Celebrate the Summer Olympic Games with
    this elementary-level introduction to the sport of rowing. Includes bio
    graphical facts about English rower and gold medalist Steven Redgrave,
    whom many consider the best rower of all time. Translated in North Ameri
    can Spanish"—Provided by publisher.
Identifiers: LCCN 2023015795 (print) | LCCN 2023015796 (ebook) |
    ISBN 9781640269316 (library binding) | ISBN 9781682774816
    (paperback) | ISBN 9781640269958 (pdf)
Subjects: LCSH: Rowing—Juvenile literature. | Racing shells—Juvenile
    literature. | Regattas—Juvenile literature. | Summer Olympics—Juvenile
    literature. | Redgrave, Steven—Juvenile literature.
Classification: LCC GV791 .B6518 2024 (print) | LCC GV791 (ebook) |
    DDC 797.12/3—dc23/eng/20230407

Impreso en China

Tabla de contenidos

En el mundo antiguo, remar era un trabajo. Los remeros propulsaban botes como su trabajo. En el siglo XVII, las personas de Inglaterra convirtieron el remo en un deporte. El remo masculino debutó en los Juegos Olímpicos de Verano de 1900. El remo femenino se agregó en 1976.

Henry Thomas Blackstaffe ganó una medalla de oro en remo en 1908.

Las carreras de remo se llaman regatas. Hay seis carriles, uno para cada bote. Los botes se alinean en la línea de largada. ¡Al oír el disparo de salida, los remeros van! El primer bote en cruzar la meta es el ganador. Las carreras son de 2.000 metros de largo, o alrededor de 1,25 millas. Usualmente duran entre cinco y siete minutos.

Los remeros están de espaldas y reman hacia la meta.

Los remeros practican a menudo para encontrar el mejor ritmo.

LOS botes tienen un solo remero o **tripulaciones** de dos, cuatro u ocho remeros. En las carreras de scull, los remeros usan dos **remos**. En las carreras de barrido, usan solo uno. Cada país puede enviar 48 remeros a los Juegos Olímpicos.

remo un poste con una hoja plana

tripulación equipo de personas que rema en un bote en una carrera

En los eventos individuales y por equipos se usan botes largos y angostos. Los botes individuales son los más cortos, de 27 pies (8,2 metros) de largo. Miden tan solo 10 pulgadas (25 centímetros) de ancho. Los botes de ocho personas miden 60 pies (18 m) de largo y 20 pulgadas (51 cm) de ancho.

La mayor parte de la potencia de un remero proviene de sus piernas.

Los remeros sostienen los mangos de los remos y empujan las hojas a través del agua.

LOS asientos dentro del bote se deslizan hacia delante y hacia atrás. Se mueven conforme los remeros jalan y empujan los remos. Los remos son ligeros. Los miembros del equipo reman al mismo tiempo y con la misma velocidad. Esto les brinda la mayor potencia.

Los remeros entrenan durante años para los Juegos Olímpicos y mantienen sus botes en excelentes condiciones.

Una tripulación de ocho puede alcanzar velocidades de casi 14 millas (23 km) por hora.

Cada atleta tiene un número. Ese número representa su lugar en el bote. El remador 1 se sienta en la proa del bote. Es el primero en cruzar la meta. Los remeros más fuertes van en el medio. El remero 8 se sienta en la popa. Es el que establece el ritmo para remar.

popa la parte trasera del bote

proa la parte delantera del bote

Los remeros olímpicos suelen alcanzar entre 40 y 47 brazadas por minuto.

En los eventos de barrido, las tripulaciones de ocho personas tienen un miembro extra. El **timonel** se sienta en la popa y mira de frente al remero 8. Indica la dirección y da instrucciones a la tripulación. Los eventos de scull no llevan timonel. Uno de los remeros da la dirección con su pie.

timonel marinero a cargo del bote y la tripulación de un barco

El timonel vigila el ritmo de las brazadas. Cuenta cuántas brazadas hace la tripulación cada minuto. A mayor número de brazadas, mayor velocidad. Pero los remeros también se cansan más rápido. El timonel puede pedir "potencia 10". La tripulación hace sus 10 brazadas más poderosas para sobrepasar a un competidor.

El timonel usa auriculares para comunicarse con su equipo.

El calzado de los remeros está fijo al bote con tornillos.

El remo se ve como un deporte elegante, pero es muy difícil. Los mejores equipos trabajan en conjunto para encontrar un buen ritmo. Estados Unidos y Alemania del Este están empatados como los países con más medallas de oro en remo. ¡Ambos países han ganado 33 veces!

Limpiar el bote y los remos hace que se mantengan resbaladizos para la competencia.

Competidores destacados: Steven Redgrave

El remero inglés Steven Redgrave está considerado como el mejor de todos los tiempos. Fue el primer remero en ganar cinco medallas de oro en cinco Juegos Olímpicos consecutivos. Obtuvo su primera medalla en los Juegos Olímpicos de Los Ángeles 1984. Compitió en equipos de cuatro y de dos remeros. Su altura de 6 pies con 5 pulgadas (2 metros) le dio una ventaja enorme al remar. Llevó la antorcha en la ceremonia de inauguración de los Juegos Olímpicos 2012.

Índice